はじめに

この本を手にとってくれて、ありがとう!

料理は楽しくてワクワクするものです。この本では、お家にあるみぢかな材料を使って、みなさんが一人でも作れるレシピをたくさん紹介しています!

自分で作ったごはんは、だれかに作ってもらったごはんとちがって特別なものです。はじめは難しいこともあるかもしれないけれど、少しずつやってみるとどんどん上手になるよ! 自信をもって作れるようになったら、お家の人やお友だちにもふるまってみよう!

今井 亮

もくじ

- 2 はじめに
- 4 料理の基本
- 6 道具の使い方
- 8 ごはんの炊き方

PART 1 丼・ドリア

- 10 サラダチキンレタス丼
- 11 ツナマヨちくわ丼
- 12 サバ缶の甘辛そぼろ丼
- 13 コンビーフキャベツ丼
- 14 コーンソーセージ丼
- 15 海鮮丼
- 16 ベーコン目玉焼き丼
- 18 豚丼
- 20 牛丼
- 21 チーズタッカルビ風丼
- 22 ミートドリア
- 24 カルボナーラハンバーグドリア
- 25 カレーたまごドリア
- 26 わかめみそ汁

PART 2 チャーハン・カレーなど

- 28 ハムねぎチャーハン
- 30 ソース焼き飯
- 31 シーフードピラフ
- 32 カニカマ天津飯
- 34 包まないオムライス
- 36 キーマカレー
- 38 レタスすりごまみそ汁
- 39 お片づけのコツ

料理の基本

料理をするときの約束ごと

料理をするときは、必ず手を洗うようにしましょう。また、料理をするには、いくつか道具が必要です。まずは、必要な道具がどこにあるのか確認しましょう。包丁や火を使うので、散らかっていては危険です。整理された状態でキッチンを使い、終わったら道具をちゃんと洗って片づけるようにしましょう。

材料のはかり方

材料をはかるときには、おもに3つの道具を使います。

大さじ・小さじ

計量できるスプーンです。
大さじ1杯は15mL、小さじ1杯は5mLです。

計量カップ

さまざまな大きさがありますが、200mLまではかれるものが使いやすいです。

スケール（はかり）

gやmLなど、設定に合わせてさまざまなものを計量できます。

大さじで液体をはかるとき

しょうゆやみりんなどをはかります。

大さじ1のとき。表面が盛り上がり、こぼれない程度にそそぎます。

大さじ1/2のとき。いっぱいになるより少し低くそそぎます。

小さじで塩や砂糖をはかるとき

1杯分、1/2杯分などさまざまな分量をはかることができます。

はじめに、小さじ山盛りに塩や砂糖をすくいます。

大さじの柄を小さじのふちにそわせて、山になった部分を落とします。

ふちにぴったりになったら、成功！これが「小さじ1」です。

小さじ1/2のとき

大さじの柄でまんなかに線をひき、半分を落とします。

小さじ1/4のとき

大さじの柄で十字を描き、半分落としてから、もう半分落とします。

ひとつまみとは？

ひとつまみとは、親指、人差し指、中指の3本でつまんだ量のことです。

少々とは？

少々とは、親指と人差し指の2本でつまんだ量のことです。

計量カップではかるとき

計量カップではかるときは、カップを水平になる位置に置き、横からめもりを見てはかります。

スケールではかるとき

スケールではかるときは、スケールを水平になる位置に置きます。

お皿やラップなどをのせて、めもりを0に合わせます。

お皿にはかりたい食材を入れてはかります。

5

道具の使い方

料理には、さまざまな道具が必要です。使い方のコツや注意するところを説明します。

包丁の使い方

※火や包丁を使うときは、大人の人に聞いてからにしましょう。

包丁とまな板は、自分の体に近い場所に水平に置きます。

まな板がすべる場合は、ぬれたふきんなどをしいて使いましょう。

包丁は指5本でしっかり握ります。

左手は爪を立てるようにして食材をおさえ、第二関節と包丁がまっすぐになるように切ります。

包丁はギコギコと押したり引いたりせず、奥に向かって押すように切ります。

使わないときは、包丁の刃を自分とは反対側に向けて置きます。

野菜と肉を切るときは野菜から切り、肉や魚はあとで切ります。

キッチンバサミの使い方

キッチンバサミは、紙を切るハサミとは違い、食材を切るためのハサミです。

細いねぎやニラなどを切るときは、キッチンバサミで切ると便利です。

鍋・フライパンの使い方とサイズ

鍋やフライパンを火にかけるときは、ぶつかって倒してしまわないよう、柄を左右どちらかによけておくと安全です。

鍋やフライパンには、さまざまなサイズがあります。この本では、フライパンは直径24cmのものを使っています。鍋は直径18cmのものがあるとよいでしょう。

火の強さについて

弱火

鍋の底に火が当たるか当たらないか程度。煮込んだり、焦げやすいものを焼いたりするときの火加減です。

中火

鍋の底に火がしっかり当たる程度。目玉焼きやパンケーキを焼くなど、いちばん使いやすい火加減です。

強火

鍋の直径に火がしっかり当たる程度。いため物など、水分を飛ばしたいときに使うことが多い火加減です。

電子レンジの使い方

電子レンジは600Wのものを使用しています。W数が異なる場合は、時間を調節して使いましょう。陶器やレンジ用のコンテナ容器、耐熱性のガラスボウルを使います。

電子レンジから取り出したものはとても熱いので気をつけましょう。袋やラップで包んだものを開けるときは、蒸気でやけどしないよう、奥から手前に向かって開けます。

電子レンジで使用✗

アルミホイル、耐熱性ではない器・ガラス、紙製・木製のものなど、電子レンジでは使えないものもあるので、注意しましょう。

トースターの使い方

トースターは1000Wのものを使用しています。W数が異なる場合は、時間を調節して使いましょう。

トースターは機械本体も熱くなることが多く、中に入れた網やトレイも熱くなるので、取り出すときにはやけどに十分注意しましょう。

燃えちゃうよ

ラップ、耐熱性ではない器、紙製のものなど、トースターでは使えないものもあるので、注意しましょう。

ごはんの炊き方

炊飯器でごはんを炊いてみよう！ 大切なのは、お米の洗い方と水加減です。
慣れると手早く炊けるようになるので、何度も練習してみましょう。

❶ お米をはかる

お米用の計量カップは1カップで180mL。1合という数え方をします。

❷ 水を入れる
ボウルにお米を入れたら、水を注ぎます。

❸ 水をすてる

水をそそいだらさっと混ぜてから、すぐにすてます。

❹ もう一度水を入れて洗う

ふたたび水を入れたら、手でかき混ぜるようにさっと洗います。

❺ 水をすてる

白くにごった水をすてます。

❻ もう一度洗ってから、水をすてる

お米は合計2回洗います。

❼ ざるにあげる
ざるにお米を入れ、水をよくきります。

❽ 内釜にお米を入れる
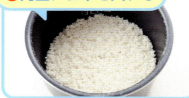
洗って水をきったお米を、炊飯器の内釜に入れます。

❾ めもりに合わせて水を入れる

お米の分量に合わせて、水を入れます。

❿ 炊飯器にセットする

内釜を炊飯器に入れます。

⓫ スイッチを押す
普通炊き、早炊きなど好みに合わせて、スイッチを押します。

白米2合のときは、「2」のめもりラインに合わせてぴったりに！ 上からではなく水と平行に見るよ。

PART 1 丼・ドリア

丼とドリアの章では、ごはんを使ったボリューム満点な料理を紹介します！どれも簡単で30分以内で作れるレシピしかないし、包丁もガスも、レンジも使わない簡単なレシピもあるから、ぜひ挑戦してみてね！

缶詰の油（汁）のきり方

1 缶詰と同じくらいの大きさの器を用意する。

2 缶詰のプルタブだけを開ける（フタは開けない）。

3 プルタブのある面が下にくるように器に置くと、油が自然と落ちていく。

> スプーンなどで材料をおさえながら、油や水分をきる方法もあるよ！

ゆでたまごの作り方

1 冷蔵庫から出したたまごは、10分ほど水につけて常温（水の温度と同じ温度）に近づける。（まだ火にはかけない！）

2 火（中火）をつけて水が沸騰するまで菜箸でたまごを静かに転がす。これで黄身がまんなかになりやすい。

3 沸騰したら8〜9分ゆでる。ゆで終わったら火を止める。おたまなどでたまごをすくって、ボウルに入れた水につける。

4 たまごが冷めたら、水の中につけたままで殻をむく。

5 左が沸騰してから8分、右が10分で取り上げたたまご。好みのかたさで時間をはかろう！

> たまごを切るときは、包丁にラップを巻いてから切ると切り口がきれいになるよ！

丼・ドリア

レベル ★☆☆

包丁も火も使わずにできる！

サラダチキンレタス丼

5分 / 火なし / 包丁なし / 電子レンジなし

サラダチキンのちょうどよい塩味にごま油の香りがいい！

用意するもの

道具
- 小さじ
- しゃもじ

材料（1人分）
- サラダチキン……1/2枚（50g）
- レタス……2枚
- ごはん……1杯（160g）
- ごま油……小さじ1

作り方

1. レタスは一口大にちぎる。
2. サラダチキンは、好みの大きさに割く。
3. しゃもじで器にごはんを盛りつけ、❶のレタスの上に❷のサラダチキンをのせて、ごま油をまわしかける。サラダチキンの塩味で調味料はいらないよ。

丼・ドリア
レベル ★☆☆

みんな大好きなツナマヨを丼に！
ツナマヨちくわ丼

 5分　火 なし
包丁　電子レンジ なし

リング型のちくわは、食べるのも楽しいよ

用意するもの

道具
- 大さじ
- 小さじ
- 包丁
- まな板
- ボウル
- しゃもじ

材料（1人分）
- ツナ缶 …… 1缶（70g）
- ちくわ …… 2本
- マヨネーズ …… 大さじ2
- しょうゆ …… 小さじ1/2
- ごはん …… 1杯（160g）

作り方

1. ツナ缶は油（汁）をきる（油のきり方→9ページ）。
2. ちくわは5mm幅に切る。
3. ボウルに❶のツナ缶と❷のちくわ、マヨネーズ、しょうゆを入れて混ぜる。
4. しゃもじで器にごはんを盛りつけ、❸をのせる。

11

丼・ドリア

レベル ★☆☆

栄養満点の缶詰をいためて作る

サバ缶の甘辛そぼろ丼

10分 / 火 / 包丁なし / 電子レンジなし

材料を倍にして、作りおきしておくのもおすすめ

用意するもの

道具
- 小さじ
- フライパン
- ヘラ
- しゃもじ

材料（1人分）
- サバの水煮缶 ……… 1/2缶（100g）
- しょうゆ ……… 小さじ2
- 砂糖 ……… 小さじ1
- ごま油 ……… 小さじ1
- ごはん ……… 1杯（160g）

作り方

1. フライパンにサバ缶（汁ごと）、しょうゆ、砂糖、ごま油を入れて、ヘラでざっとほぐす。
2. 中火にかけてほぐしながら、汁気がなくなってそぼろ状になるまでいためて火を止める。
3. しゃもじで器にごはんを盛りつけ、❷でいためたサバをのせる。

丼・ドリア

レベル ★☆☆

肉のうまみで満足感いっぱい

コンビーフキャベツ丼

10分

包丁なし　電子レンジなし

キャベツの甘みとコンビーフの塩気が合う！

用意するもの

道具
- 小さじ
- フライパン
- 菜箸
- ヘラ
- しゃもじ

材料（1人分）
- キャベツ …… 2枚
- ごま油 …… 小さじ1
- コンビーフ …… 1/2缶（40g）
- ごはん …… 1杯（160g）

作り方

1. キャベツは一口大にちぎる。
2. フライパンにごま油を入れて中火で熱し、菜箸を使って❶のキャベツを2分いためる。
3. ヘラを使ってコンビーフを加え、ヘラでほぐしながら1分いためる。
4. しゃもじで器にごはんを盛りつけ、❸をのせる。

丼・ドリア
レベル ★☆☆

レンチンでできる、バターしょうゆ味

コーンソーセージ丼

10分 / 火なし

包丁 / 電子レンジ

つぶつぶコーンの食感とバターの香りでさらにおいしい

用意するもの

道具
- 小さじ
- 包丁
- まな板
- 耐熱ボウル
- ラップ
- しゃもじ
- 菜箸またはスプーンなど

材料（1人分）
- コーン缶 …… 50g
- ソーセージ …… 3本
- バター …… 10g
- しょうゆ …… 小さじ1
- ごはん …… 1杯（160g）

作り方

1. コーン缶は汁気をきる（汁のきり方➡9ページ）。
2. ソーセージは1cm幅に切る。
3. 耐熱ボウルにごはん以外の材料をすべて入れてラップをし、600Wの電子レンジで1分30秒加熱する。
4. しゃもじで器にごはんを盛りつけ、菜箸などで❸をよく混ぜてごはんにのせる。

丼・ドリア

レベル ★☆☆

おいしいものが食べたい日のごちそう

海鮮丼(かいせんどん)

5分

火 なし

包丁

電子レンジ なし

どんなお刺身でも作ることができる!

のりをまぶしてもいい!家族につくるごちそうにもなるよ

用意するもの

道具
- 小さじ
- 包丁
- まな板
- ボウル
- しゃもじ
- 菜箸

材料(1人分)
- 刺身 …… 6切れくらい〜お好みで
- めんつゆ …… 小さじ2
- みそ …… 小さじ1/2
- 白ごま …… 小さじ1/2
- ごはん …… 1杯(160g)

作り方

1. 刺身は好きな大きさに切る。
2. ボウルに❶の刺身を入れ、めんつゆ、みそ、白ごまを加えて混ぜる。
3. しゃもじで器にごはんを盛りつける。
4. 菜箸でごはんの上に❷で味つけした刺身をのせる。

15

丼・ドリア

レベル ★★☆

半熟に仕上げると、たまごがとろ～り

ベーコン目玉焼き丼

15分 / 火 / 包丁なし / 電子レンジなし

たまごを崩さないよう、ていねいに盛りつけよう！

用意するもの

道具
- 小さじ
- 小さい器
- フライパン
- しゃもじ
- フライ返し

材料（1人分）
- たまご ……… 1個
- ベーコン（ハーフ） 4枚
- オリーブオイル …… 小さじ1
- 塩・こしょう … 少々
- ごはん ……… 1杯（160g）
- しょうゆ …… 適量

PART 1 丼・ドリア

作り方

1

小さい器にたまごを割る。

2

フライパンにオリーブオイルをひき、ベーコンを並べて中火にかける。2分ほど焼いてひっくり返す。

3

火を止めたら❶で割ったたまごを入れて弱火で3分ほど焼き、火を止める。塩とこしょう（こしょうはお好みで）をふる。

4

しゃもじで器にごはんを盛りつけ、フライ返しで❸の目玉焼きをのせて、しょうゆをかける。

フライパンにたまごを入れるときは、一度火を止めておくと安全だ！

これならできそう！

丼・ドリア

レベル ★★★

味も量もボリューム満点丼！

豚丼

25分 / 火
包丁なし / 電子レンジなし

にんにくの風味で
ごはんもいっぱい
食べられる！

用意するもの

道具
- 大さじ
- 小さじ
- ボウル
- フライパン
- しゃもじ
- 菜箸
- スプーン

材料（1人分）
- にんにくのすりおろし ・・・・・ 小さじ1/4
- しょうゆ ・・・・・ 小さじ2
- 砂糖 ・・・・・ 小さじ1
- 酒 ・・・・・ 小さじ1
- サラダ油 ・・・・・ 小さじ1
- 豚切り落とし肉 ・・・・・ 150g
- 青ねぎの小口切り ・・・・・ 大さじ2
- ごはん ・・・・・ 1杯（160g）

PART 1　丼・ドリア

作り方

1 ボウルににんにくのすりおろし、しょうゆ、砂糖、酒を入れて混ぜる。

2 フライパンを中火であたため、サラダ油を入れる。

3 サラダ油があたたまったら、豚肉を広げていためる。

しっかり火を通す！

4 肉の色が変わってくるまで、3分いためる。

5 青ねぎを加える。

6 ❶で混ぜた調味料を加える。

7 調味料がからむように、さっと混ぜたら火を止める。

8 しゃもじでごはんを器に盛りつけ、❼の豚肉をのせる。

玉ねぎやピーマンを入れてもおいしくなるぞ

丼・ドリア

レベル ★☆☆

玉ねぎのシャキシャキと牛肉が合う

牛丼

 25分

 包丁
 電子レンジ なし

めんつゆを使うと、味つけも楽にできて便利！

用意するもの

道具
- 大さじ
- 小さじ
- 包丁
- まな板
- フライパン
- 菜箸
- しゃもじ

材料（1人分）
- 玉ねぎ ……………… 1/4個
- ごま油 ……………… 小さじ1
- 牛切り落とし肉 …… 150g
- めんつゆ …………… 大さじ2
- 水 …………………… 50mL
- しょうがのすりおろし … 小さじ1/2
- ごはん ……………… 1杯（160g）

作り方

1. 玉ねぎは縦1cm幅に切る（切り方➡27ページ）。
2. フライパンにごま油を入れて中火で熱し、牛肉を入れて1分いためる。
3. ❷の牛肉に玉ねぎ、めんつゆ、水、しょうがのすりおろしを加えて菜箸で混ぜる。
4. 汁気がほぼなくなるまで3～4分煮る。
5. しゃもじでごはんを器に盛りつけ、❹の牛肉をのせる。

丼・ドリア
レベル ★☆☆

やきとり缶の甘いタレでごはんがすすむ

チーズタッカルビ風丼

20分

火

包丁 なし

電子レンジ なし

タッカルビは韓国料理。チーズで食べるとおいしい！

用意するもの

道具
- 小さじ
- フライパン
- 菜箸
- しゃもじ

材料（1人分）
- やきとり缶（タレ）……1缶
- ピザ用チーズ……30g
- ごま油……小さじ1
- ごはん……1杯（160g）

作り方

❶ フライパンにごま油を入れて、やきとり缶の中身をタレごと入れて弱火にかける。

❷ 温まったらチーズを加え、菜箸で混ぜてすぐ火を止める。

❸ チーズが溶けたら、しゃもじでごはんを器に盛りつけて❷をのせる。

丼・ドリア

レベル ★☆☆

いろんなミートソースで試してみたい！

ミートドリア

10分 / 火 なし / 包丁 なし / 電子レンジ・トースター

かけて焼くだけで
レストランのような
仕上がり

用意するもの

道具
- 耐熱容器
- 耐熱皿
- スプーン
- ラップ
- しゃもじ

材料（1人分）
- ミートソース（パスタ用）……1人前
- ごはん……………………………1杯（160g）
- ピザ用チーズ……………………適量

作り方

1 耐熱容器にミートソースを入れ、ラップをして電子レンジで1分加熱する。

2 耐熱皿にしゃもじでごはんを盛りつける。

3 ごはんの上に❶であたためたミートソースをスプーンでまんべんなくかける。

4 ミートソースの上にピザ用チーズをかける。

5 トースターで、チーズが溶けてこげ目がつくまで焼く。

ピザ用チーズをモッツァレラチーズに変えると風味が増すよ！

丼・ドリア / レベル ★☆☆

市販のハンバーグをのせると豪華に！

カルボナーラハンバーグドリア

 25分　 火なし

包丁なし　 トースター

濃厚なクリームソースでごちそうメニュー

用意するもの

道具
- 耐熱容器
- 耐熱皿
- しゃもじ

材料（1人分）
- ハンバーグ（市販） …… 1個
- ごはん …… 1杯（160g）
- カルボナーラソース …… 1袋
- ピザ用チーズ …… 適量

作り方

1. 耐熱容器にハンバーグを入れて、表示どおりにレンジで温める。
2. 耐熱皿にしゃもじでごはんを入れて、カルボナーラソースをかける。その上に❶のハンバーグ、ピザ用チーズの順にのせる。
3. トースターでチーズが溶けて、こげ目がつくまで焼く。

丼・ドリア
レベル ★★☆

ゆでたまごでボリュームアップ
カレーたまごドリア

25分

火 なし

包丁

電子レンジ・トースター

たっぷりかけたチーズでいつものカレーがドリアに

用意するもの

道具
+ 包丁
+ まな板
+ 耐熱容器
+ ラップ
+ 耐熱皿
+ しゃもじ

材料（1人分）
+ レトルトカレー……1人前
+ ゆでたまご………1個
+ ピザ用チーズ……適量
+ ごはん……………1杯（160g）

作り方

❶ 耐熱容器にカレーを入れ、ラップをして電子レンジで1分加熱する。

❷ 耐熱皿にしゃもじでごはんを入れ、❶のカレーをかける。好きな大きさに切ったゆでたまご＊ をのせ、ピザ用チーズをかける。

❸ トースターでチーズが溶けて、こげ目がつくまで焼く。

＊ゆでたまごの作り方➡9ページ

お湯を沸かせば、
おみそ汁もひとりで作れるよ！

わかめみそ汁

用意するもの

道具
- 大さじ
- 小さじ
- おわん
- 箸

材料（1人分）
- 乾燥わかめ……小さじ1
- 青ねぎの小口切り……大さじ1
- みそ……大さじ1
- 顆粒だし……小さじ1/4
- 熱湯……おわん八分目ぐらい

作り方

1. おわんに材料をすべて入れ、熱湯をそそぐ。
2. 箸でよく混ぜて、みそを溶かす。

PART 2 チャーハン・カレーなど

このパートでは、みんなが大好きな人気のレシピを紹介します！作り方は簡単だから、なれてきたら好きな具材を加えたり、味に変化をつけたりして自分のオリジナルレシピを考えてみよう！

玉ねぎの薄切り

1 玉ねぎの頭の部分とひげ根（おしり）の部分を切り落とし、白い部分だけになるまで、皮をむく。

2 切り口を下にして安定させて、玉ねぎを半分に切る。

3 Vの字に切りこみを入れて、芯を取りのぞく。

4 切り口を下にして、はしから薄く切る。

玉ねぎのみじん切り

1 薄切りの❸の玉ねぎを線より上の部分を残して薄く切りこみを入れていく。

2 玉ねぎを横にして残した部分をおさえ、薄切りのやり方で切りこみ部分を切る。

3 包丁の背を片方の手のひらでおさえながら、包丁を上下に動かして細かく切る。

チャーハン・カレーなど

レベル ★★★

中華料理店みたいな本格派！

ハムねぎチャーハン

15分

火

包丁

電子レンジ なし

たまごとごはんを先に混ぜていためるとパラパラチャーハンに！

用意するもの

道具
- 大さじ
- 小さじ
- 包丁
- まな板
- 菜箸
- ボウル×3
- スプーン
- フライパン
- ヘラ

材料（1人分）
- ロースハム … 2枚
- たまご … 1個
- しょうゆ … 小さじ1
- 酒 … 小さじ1
- ごま油 … 小さじ1
- ごはん … 200g
- サラダ油 … 大さじ1
- 青ねぎの小口切り … 大さじ2
- 塩・こしょう … 少々

作り方

1 ハムは1cm角に切る。

2 ボウルにたまごを割り、箸で溶く。

3 別のボウルでしょうゆ、酒、ごま油を混ぜる。

4 ボウルにごはんと❷で溶いたたまごを入れ、ヘラでよく混ぜる。

5 フライパンにサラダ油を入れて中火で熱し、❹のごはんをいためる。

6 ごはんをヘラでほぐしながら3分ほどいため、塩とこしょうをふる。

7 ❶で切ったハムと青ねぎを加えて中火でいためる。

8 ごはんをよせて、まんなかに穴をあけ、❸の調味料を加える。

9 よく混ぜて火を止める。

チャーハン・カレーなど

レベル ★★★

もやしでさらにボリュームアップ！

ソース焼き飯

 30分
 火
 包丁
 電子レンジ なし

ソースの香りと
シャキッともやしは
相性ばつぐん！

用意するもの

道具
- 大さじ
- 包丁
- まな板
- ボウル
- 菜箸
- フライパン
- ヘラ

材料（1人分）
- 豚バラ肉 … 2枚
- もやし …… 50g
- たまご …… 1個
- サラダ油 … 大さじ1
- ごはん …… 200g
- 塩 ………… 少々
- ウスターソース
  ……………… 大さじ2

作り方

① 豚肉は2cm幅に切る。もやしはざく切りにする。たまごは溶いておく（→29ページの❷）。

② フライパンにサラダ油を入れて中火にかける。

③ たまごを半熟にいためてお皿によけておく。

④ 豚肉をいためて、焼き色がついたら、たまご、ごはんの順に加える。

⑤ ヘラでごはんをほぐしながら2分ほど中火でいためて、塩をふる。

⑥ もやしを加えてさらに1分いためたら、まんなかに穴をあけ、ウスターソースを加えてよく混ぜる（→29ページの❽）。

チャーハン・カレーなど
レベル ★☆☆

バターの香りが華やかな洋風焼き飯

シーフードピラフ

 30分
 火
 包丁
 電子レンジ なし

シーフードミックスがあれば豪華なメニューもおてがる

用意するもの

道具
- 小さじ
- 包丁
- フライパン
- キッチンペーパー
- まな板
- ヘラ

材料（1人分）
- シーフードミックス（冷凍）……50g
- 玉ねぎ……1/8個
- バター……10g
- ごはん……200g
- 顆粒コンソメ……小さじ1
- 塩・こしょう……少々
- パセリ（乾燥）……適量

作り方

1. シーフードミックスは室温に置いて解凍し、水気をキッチンペーパーで拭き取る。
2. 玉ねぎは縦に薄切りにする（切り方➡27ページ）。
3. フライパンにバターを入れて中火にかける。玉ねぎを入れて1分いため、シーフードミックスを加えてさらに1分いためる。
4. ごはんを加えて、ヘラでほぐすように2分ほどいためる。
5. 火を止めてコンソメ、塩、こしょうをふって混ぜ、器に盛りつけてパセリをふる。

チャーハン・カレーなど
レベル ★★★

とろりとかけたあんもレンジで簡単！

カニカマ天津飯

 20分
 火
 包丁
 電子レンジ

やさしい甘さの
あんとふわっとたまごが
たまらない

用意するもの

道具
- 大さじ
- 小さじ
- 包丁
- まな板
- ボウル×2
- 菜箸
- しゃもじ
- 小さい泡立て器またはスプーン
- フライパン
- フライ返し
- おたま

材料（1人分）
- たまご …… 2個
- カニカマ …… 4本
- ごはん …… 200g
- サラダ油 …… 大さじ1

[あんの材料]
- 水 …………… 150mL
- しょうゆ …… 大さじ1
- 片栗粉 …… 小さじ2
- 鶏ガラスープの素 …… 小さじ1/2
- 砂糖 …… 小さじ1/2

PART 2 チャーハン・カレーなど

作り方

1 ボウルにたまごを割って溶き（→29ページの❷）、包丁でななめに切ったカニカマを入れる。

2 別のボウルにあんの材料を入れて混ぜ、ラップをして電子レンジで1分加熱する。一度混ぜて、さらに1分30秒加熱するとトロっとあんになる。

3 フライパンにサラダ油を入れて、中火にかける。

4 ❶のたまごとカニカマを流し入れる。

5 菜箸でさっと混ぜる。

6 焼き色がついたらフライ返しで上下を返す。

7 しゃもじで器にごはんを盛りつけ、❻のたまごをのせる。

8 ❷で作ったあんを、おたまでかける。

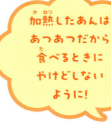

加熱したあんはあつあつだから食べるときにやけどしないように！

チャーハン・カレーなど
レベル ★☆☆

ふわとろたまごがやさしい味

包まないオムライス

20分

火

包丁

電子レンジ

オムライスもこんなふうに作れば難しくないね！

用意するもの

道具
- 大さじ
- 包丁
- まな板
- ボウル
- 泡立て器または菜箸
- 耐熱ボウル
- ラップ
- ヘラ
- フライパン

材料（1人分）
- たまご……2個
- 牛乳……大さじ1
- ハム……1枚
- 玉ねぎ……1/8個
- ケチャップ……大さじ3
- 塩・こしょう……少々
- バター……10g
- ごはん……200g

PART 2 チャーハン・カレーなど

作り方

1
ボウルにたまご、牛乳を入れて泡立て器、または菜箸でよく混ぜる。

2
ハムは1cm角、玉ねぎはみじん切りにする（切り方➡27ページ）。

3
耐熱ボウルに❷のハムと玉ねぎ、ごはん、ケチャップ、塩、こしょうを入れて混ぜる。ラップをして電子レンジで2分加熱する。

4
器に❸のケチャップごはんを盛りつける。

5
フライパンにバターを入れて弱火にかける。

6
バターが溶けたら❶のたまごを入れ、ヘラでぐるぐるとかき混ぜる。

7
半熟でとろりとするまで混ぜながら弱火で加熱する。

8
❹のごはんに❼の半熟たまごをのせ、ケチャップをかける。

❺～❼のやり方でスクランブルエッグも作れるよ！

35

チャーハン・カレーなど

レベル ★★☆

ミックスベジタブルを使うと便利！

キーマカレー

30分

火

包丁 なし

電子レンジ なし

かくし味に使った
ケチャップとソースが
決め手！

用意するもの

道具
- 大さじ
- 小さじ
- フライパン
- ヘラ

材料（1人分）
- あいびき肉 …… 100g
- ミックスベジタブル … 30g
- 水 …… 80mL
- ケチャップ …… 大さじ1
- ウスターソース …… 小さじ1
- カレールウ（甘口）… 1かけ（約20g）
- ごはん …… 200g

作り方

1 フライパンにあいびき肉、ミックスベジタブル、水、ケチャップ、ウスターソースを入れ、中火にかけてヘラで混ぜながらいためる。

2 混ぜながら水分を飛ばし、肉の色が茶色くなっているか確認する。

3 火を止めて、カレールウを加えたら、また中火にかける。

4 ルウが溶けるまでよく混ぜる。火を止めたら盛りつけたごはんにかける。

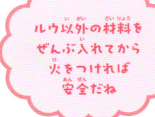
ルウ以外の材料をぜんぶ入れてから火をつければ安全だね

あいびき肉は牛肉と豚肉をまぜたひき肉のことだよ

PART 2 チャーハン・カレーなど

くたっとした温かいレタスがおいしい
レタスすりごまみそ汁

用意するもの

道具
- 大さじ
- 小さじ
- マグカップ
- 箸または スプーンなど

材料（1人分）
- レタス ……………… 1枚
- 白すりごま ………… 大さじ1
- みそ ………………… 大さじ1
- 顆粒だし …………… 小さじ1/4
- 熱湯 ………………… マグカップ八分目

作り方

1. レタスは小さめにちぎる。
2. 材料をすべてマグカップに入れ、熱湯を加えて混ぜる。

お片づけのコツ

じょうずに作れたら、片づけまでしっかりするのが料理です！　使った道具や器は洗ってしまい、テーブルなども拭いて、料理する前と同じようにきれいな状態に戻します。

1

洗いものは、シンクにまとめておきます。水を入れたり、水に浸したりしておくと、汚れが落ちやすくなります。

2

スポンジに洗剤をつけて、汚れの少ないコップから洗います。

3

油やソースなどで汚れた皿は、最後に洗います。

4

すべてのコップや皿を洗剤で洗い終えたら、お湯で流します。水よりもお湯を使ったほうが、汚れや油がよく落ちます。

使わなくなった布を再利用！

いらなくなったTシャツや汚れたふきんなどは、手のひらくらいの大きさに切っておきます。ひどい汚れの器は、このはぎれで先に汚れを拭いてから洗うと、水や洗剤をたくさん使わずにきれいに洗うことができ、環境にもやさしいでしょう。汚れを拭いたはぎれは捨てます。

POINT

テーブルやキッチンは、ふきんできれいに拭いておきましょう。最後まで気持ちよく片づけすることが、料理じょうずへの一歩です。

料理上達への道

この本は、みなさんが作りやすいようにレシピを考えていますが、はじめはなかなかじょうずに作れないかもしれません。でも、料理は何度も作るうちに、作る順番を覚えられたり、道具の使い方に慣れてきたりして、少しずつうまくなっていくものです。作ってみておいしいなと思ったレシピがあったら、ぜひ何度も作ってみてください。慣れてきたら、違う材料を加えるなどのアレンジも楽しんでみてくださいね！

監修：今井 亮(いまい りょう)

京都府京丹後市の大自然に囲まれた地に生まれる。中華料理をはじめ、家庭料理を得意とする料理家。京都市内、東京の中華料理店で修行を積み、料理家などのアシスタントを経て独立。身近な食材に小技を効かせて、お店のような味を気兼ねなく作れるレシピは幅広い年代から支持を得る。料理雑誌、書籍、テレビ、料理教室など幅広く活動し、1女の父としても家事、育児に奮闘。著書に、『そそる！うち中華』（学研プラス）、『"炒めない"炒めもの』（主婦と生活社）『簡単！おいしい味つけで蒸し中華』（文化出版局）、など。
Instagram：ryo.imai1931　X：@ryomaimai1931

■ STAFF

撮　　影　原田真理
スタイリング　小松由加
調理補助　コバヤシリサ、福田みなみ

ひとりで作(つく)れる　カンタン！　まんぷくレシピ
ごはん－どんぶり・ドリア・チャーハンなど

2025年2月20日発行　第1版第1刷ⓒ

監　修	今井 亮(いまい りょう)
発行者	長谷川 翔
発行所	株式会社 保育社
	〒532-0003
	大阪市淀川区宮原3－4－30
	ニッセイ新大阪ビル16F
	TEL 06-6398-5151　FAX 06-6398-5157
	https://www.hoikusha.co.jp/
企画制作	株式会社メディカ出版
	TEL 06-6398-5048（編集）
	https://www.medica.co.jp/
編集担当	二畠令子／中島亜衣
編集協力	渡辺有祐（フィグインク）、吉川愛歩
装幀・本文デザイン	関根千晴（スタジオダンク）
イラスト	めんたまんた
校　閲	夢の本棚社
印刷・製本	株式会社精興社

本書の内容を無断で複製・複写・放送・データ配信などをすることは、著作権法上の例外をのぞき、著作権侵害になります。

ISBN978-4-586-08679-5　　　　　Printed and bound in Japan
乱丁・落丁がありましたら、お取り替えいたします。